Die

Illusionierung

des Teufels

Laura Lambert

Die Illusionierung des Teufels

Poesie

Bibliografische Information der Deutschen Nationalbibliothek:
Die Deutsche Nationalbibliothek verzeichnet diese Publikation in
der Deutschen Nationalbibliografie; detaillierte bibliografische
Daten sind im Internet über http://dnb.dnb.de abrufbar.

Herstellung und Verlag: BoD – Books on Demand, Norderstedt

ISBN: 9783756294640

Die Menschen

Sie sind in Not

Wissen nicht wohin

Mit ihnen

Können sich nicht festhalten

An Altem

Müssen erkennen

Die Illusion

Der sie erlegen

Der Teufel

Er lacht

Macht seine Späße

Treibt die Menschen

In die Armut

Als ob er vergäße

Das Leid der Menschen

Auf seiner Last

Kann nicht erkennen

Hat nichts verpasst

Muss sehen

Die Menschen

Sie leiden durch ihn

Können's nicht erkennen

Verdienen so viel

Nur Geld

Nicht Anerkennung

Oder Macht

Ist doch alles nur

Für den Teufel gedacht

Kann nicht erkennen

Die Menschen in Not

Vor voller Freude

Und Lachen

Seine Backen

Sind rot

Die Menschen

Sie sind in Not

Sie wissen nicht

Wohin

Was alles zu bedeuten hat

Sind so verloren

Im Nichts

Das sie ihr Leben nennen

Können nicht erkennen

Was um sie herum geschieht

Sie sind nicht alleine

Wissen es nicht

Die Engel

Sie helfen ihnen

Wieder auf die Beine

Keiner

Der mehr zurückbleibt

Müssen erkennen

Die Not

Die Backen sind rot

Nicht nur des Teufels

Sondern auch eure

Vor Wut

Erkennt ihr doch

Was geschehen

Schon so lange her

War niemand alleine

Nur nicht zu sehr

Gehalten an den Menschen

Man kannte sich alle

Waren beisammen

Kamen nicht vereint

In den Himmel

Die Sünden

Sie wogen zu schwer

Auf der Erde

Mit den Engeln

Die Menschen in Not

Erfahren ihre Bestrafung

Der Himmel wird rot

Es kochen die Bösen

Die Guten sind's nicht

Sie können nur fliehen

Sie sehen die Not

Nicht allen

Ist zu helfen

Sie haben's verdient

Nur jene in Not

Sie kommen nicht hin

Dorthin

Wo geborgen

Die Menschlein ruhen

In Frieden und Liebe

Nichts Besseres zu tun

Als zu genießen

Die Tage

In Nächten

Sie ruhen

Können's nicht leiden

Nicht gar nichts zu tun

Können lieben im Himmel

Der ihresgleichen ist

Können lieben

Auf der Erde

Sie ist ihr Angesicht

Müssen erkennen

Die Liebe

Sie ist um uns rum

Nicht nur der Hass

Ist alles der Teufel

Belügt und betrügt

Nicht nur heute

Schon ewig

Von ewig her ruht

Sein Antlitz auf allen

Sie kennen die Not

Er lügt und betrügt

Verführt sie zur Not

Sie müssen erkennen

Die Illusionen

Denen sie erlegen

Sie kennen es schon

Wissen was geschehen

Erkennen es schon

Waren nicht blind

Nur blind

Für sich selbst

Nicht einverstanden einst

Doch kam es wohl so

Dass alle es liebten

War schon immer so

Die Gemeinschaften sich bildeten

Sie hatten

Was gemein

Waren nicht mehr

Mit dem Teufel allein

Im Himmel der Schrecken

Erkannt viel zu spät

Wussten nicht

Dass alles

Außer Fugen gerät

Die Plagen

Sie kamen

Sie nahmen die Schlechten

Auch Gute in Not

War nicht zu lenken

Der Himmel war tot

Nicht nur auf Erden

Im Himmel

War es rot

Der Hass war geboren

Alle in Not

Nur eine

Die es erkannte

Sie lebte schon hier

Ein Erdenkind seinesgleichen

Begrüßte sie hier

Die Menschen in Not

Sie kamen zu ihr

Waren es leid

Nur zu leiden

Nur nicht gerne alleine

Mit ihr

War die Energie

Die sie spürten

Die Götter ihr gaben

Nicht nur das

War auch gern

Für Späße zu haben

Doch lieber allein

Hielt sich von allen fern

War nicht immer

Gern alleine

Niemand hatte sie gern

Nicht alle mochten Hilfe

Oder helfen so gern

War alles nicht zu erkennen

Die Lösung

So fern

So fern für die Menschen

Sie halfen nicht gern

Nicht sich selbst

Nicht den andern

Hatten sich gern

Nur nicht beisammen

Waren sie gut

Nahm der eine

Dem anderen

Nichts war mehr gut

Doch normal

Wie sie es nannten

Der Teufel war gut

Nicht alle mochten es leiden

Nur er war sehr froh

Konnte erkennen

Die Menschen in Not

War nur noch zufrieden

Die Liebe war tot

Es gab schon viele Menschen

Sie versuchten zu heilen

Die Wunden des Teufels

Mussten sich beeilen

Gab so viel zu tun

Kam jeden Tag Neues

Niemand kam hinterher

Die Menschheit in Schmerzen

Der Abschied viel schwer

Nie mehr

Nie mehr wieder

Würde es normal

Den meisten Menschen

War es doch egal

Wie alles sich veränderte

Sie nahmen es hin

Waren die Opfer

Das verlorene Kind

Die Menschen

Sie sehen nicht

Die Trauer

In den Augen des Teufels

Wenn es ihnen gut geht

Kann nur glücklich sein

Wenn alle anderen trauern

Nur leiden

Und straucheln

Den Weg nicht finden

Und alles verloren scheint

Nur dann

Kann der Teufel gewinnen

Nicht anders

Müssen alle erkennen

Dass sie siegen können

Jeder einzeln

Alle gemeinsam

Können sie der Macht

Des Teufels entkommen

Müssen nur sehen

Was es für einen Unterschied macht

Den richtigen Weg zu gehen

Im Licht zu gehen

Den Weg zu beschreiten

Der für sie bestimmt ist

Können erkennen

Die Vorteile

Die ihnen zuteilwerden

Wenn sie die göttlichen Hindernisse

Mit Bravour überwinden

Alles richtig machen

Glücklich sind

Auch für andere

Auch für die

Die es einem selbst nicht gönnen

Auch jene

Die euren Tod wollen

Egal in welchem Sinne

Müsst erkennen

Wer ihr seid

Die Menschen

Die erkennen müssen

Dass es kein Entkommen gibt

Vor dem Schicksal

Nur die Entscheidungen

Eure eigenen

Die es zu meistern gilt

Die es zu bestreiten gilt

Die es zu gewinnen gibt

Die Siege

Die aus

Den richtigen Entscheidungen entstehen

Wenn man alles richtig macht

Wird man auch belohnt

Muss positiv bleiben

Den Menschen helfen

Die in Not

Ebenso

Wie man selbst

Oft nicht den richtigen Weg finden

Die Menschen

Sie müssen erkennen

Den Teufel

Der Teufel der Illusionierung

Der sie von ihrem Weg abbringen will

Die falschen Entscheidungen zu treffen

Nicht zu gewinnen

Nicht zu siegen

Die Vorteile nicht zu erkennen

Die die richtigen Entscheidungen

Ihnen bringen würden

Ist es der Teufel

Der so stark ist

Selbst die Stärksten

Von ihrem Weg abzubringen

Die Wege

Sie kreuzen sich

Für die Menschen

Die auf der Suche

Nach denselben Abenteuern sind

Können sich nicht verstecken

Müssen erkennen

Ob ihre Ziele gelenkt wurden

Vom Bösen

Oder vom Guten

Können nicht so einfach erkennen

Was richtig

Und was falsch

Wurden sie doch

Schon von klein auf

So erzogen

Wie die Gesellschaft

Sie haben wollte

Die Gesellschaft

Die wahrlich der Teufel ist

Wenn man es genauer betrachtet

Kann niemand mehr frei sein

In dieser Gesellschaft

Die Menschen versklavt

Für wenig Lohn zu arbeiten

Müsste man doch

Viel mehr wert sein

Wenn man alles richtig macht

Sich als wertvoll erweist

Etwas für die Menschen tun kann

Damit auch diese

Sich befreien können

Von den Fesseln dessen

Was nicht sein soll

Müssen erkennen

Dass es auch ein Morgen gibt

Wenn alles anders ist

Die Gesellschaft

So wie sie ist

Untergeht

Etwas Neues geschaffen werden muss

Das mehr nach Gesellschaft schreit

Das mehr nach Zusammenkunft schreit

Das nicht mehr nur

Auf Egoismus basiert

Sondern sich auf Gemeinschaft stützt

Die es zu kreieren gilt

Wenn alles seinen Lauf nimmt

Können alle frei sein

Alle frei entscheiden

Wohin sie gehen

Was sie tun wollen

Und was sie nicht wollen

Müssen sie nicht mehr tun

Müssen sich nicht mehr

Unterdrücken lassen

Von den Bossen

Egal ob männlich

Oder weiblich

Die sie unterdrücken

Sind die hohen Tiere

Doch meist Narzissten

Die Untertanen des Teufels

Die versuchen

Die Menschen zu quälen

Weil sie selbst

Nicht glücklich sein können

Haben sie doch

Ihre Seele verkauft

An jenen

Der mittlerweile alles

Zu bestimmen scheint

Kann niemand mehr frei sein

Sieht niemand mehr die Fesseln

Die wir uns selbst auferlegten

Damals

Als alles seinen Anfang nahm

Die Menschen noch Freunde waren

Und man sich kannte

Musste alles so kommen

Damit die Menschen endlich lernen

Welche Wege sie nicht gehen sollen

Sollten sich so verrennen

In dem

Was falsch für sie ist

Hat der Große es zugelassen

Damit seine Kreation

Es endlich begreift

Was sein soll

Und was nicht

Verlieren sie ihre Leben

Für das

Was nicht wichtig ist

Das Materielle

Die Macht

Die Einsamkeit

An der Spitze

Das Ego

Das viel zu groß ist

Und selbst

In großen Hallen

Zu wenig Platz findet

Müsste es doch platzen

Damit man endlich

Die Menschen sieht

Die gar nicht unter einem stehen

Sondern auf gleicher Stufe

Sieht man sie nur nicht

Wegen der eigenen Borniertheit

Können die Menschen nicht erkennen

Dass sie alle gleich

Alle dumm sind

Wenn sie es nicht einsehen

Was mit ihnen geschehen ist

Muss sich bald

Niemand mehr profilieren

Durch den anderen

Wenn alle gleich

Alle anders werden

Als sie es jemals waren

Können irgendwann

Nicht mehr sehen

Was sie damals falsch gemacht haben

Weil sie nur noch

Den richtigen Weg gehen werden

Wenn sie endlich sehen

Was falsch läuft

Wenn sie endlich sehen

Dass etwas nicht stimmt

Mit ihnen

Und dem System

In dem sie leben

Müssen erkennen

Dass es noch so viel gibt

Da draußen

Das erst genossen werden kann

In Gesellschaft

Jene

Die die Menschen vereint

Niemand mehr ausgegrenzt wird

Muss verstanden werden

Dass die Liebe alles besiegt

Was nicht mehr sein soll

Muss die Liebe größer sein

Als der Hass

Der alles bestimmt

Doch sind die Menschen gefangen

In der Illusion des Teufels

Der sagt

Es gäbe Grenzen

Doch Grenzen sind da

Um sie zu überschreiten

Zu vereinen

Was einst getrennt war

Müssen die Menschen erkennen

Dass sie

Aus demselben Holz geschaffen

Wenn nicht

Aus dem gleichen Fleisch und Blut

Ist doch auch die Erde

Nur eine Illusion

Die es zu durchblicken gilt

Wenn man genauer aufpasst

Sieht man das Universum

Die größere Macht hindurch

Die alles lenkt

Alles versucht

Ins Gute zu lenken

Wenn man ihr nur

Die eigene Kraft hinzugibt

Wenn man erkennt

Dass alles einen Sinn hat

Alles vorbestimmt ist

Die Macht

Sie lenkt

Nicht nur die Guten

Auch den Schlechten

Wird sie zuteil

Damit sie erkennen

Kann keiner

Sie lenken

Werden bald alle frei

Die Wege sich kreuzen

Die Guten

Und Schlechten vereint

Werden erkennen

Den Frieden

In dem sie bald liegen

Vereint

Müssen erkennen

Den Teufel

Er war es gewesen

Hat damals alle getrennt

Die Menschen

Sie kommen

Die Wege

Die sich kreuzen

Werden wieder beisammen sein

Kann keiner verhindern

Die Menschen

Die böse

Versuchen es wieder

Zu zerstören

Verstehen noch nicht

Den Weg

Den sie gehen

Gehen sie bald ganz allein

Die Menschen

Die einsam

Nicht lieben

Nicht leben

Sie werden

Auch immer so sein

Werden hassen

Und lachen

Des Teufels Späße machen

Nur nicht immer allein

Die Hölle

Sie wartet

Das sehen

Die Guten

Sind oben im Himmel vereint

Können warten

Auf das Sterben

Das Sterben der Bösen

Sie sterben

Auch immer allein

Zu zweit wirst du sein

Mit dir niemand allein

Werden zusammen tanzen

Die Menschen

Sie lachen

Sie kennen dich nicht

Haben doch immer

Ein Lachen im Gesicht

Das Gesicht der Gesichter

Das Grinsen des Teufels

Das alles vereint

Was böse und traurig

Und garstig ist

Nicht nur das

Auch zugleich widerlich

Muss nun kommen

Um zu gehen

Die Liebe

Sie wartet

Für dich

Wie die anderen

Solls sein

Nicht der Stärkste

Der den Teufel besiegt

Die Hexe

Bald nicht mehr allein

Wohnt nicht mehr im Wald

Sie findet den Weg

Die Gesellschaft

Lässt sie allein

Findet den Magier

Der Meister darin ist

Alles zu erkennen

Was soll sein

Gemeinsam zusammen

Erkennen sie die Liebe

Solls sein

Gleich die Große

Die alles verändert

Die Liebe

Die ausstrahlt

Allein

Was sein soll

Schon bald

Auch bei allen Menschen

Finden sich

Sind nicht mehr allein

Die Hexe

Sie wartet

Auf die anderen Menschen

Kann ihr keiner

Mehr böse sein

Der Teufel

Wird nicht siegen

Siegt er doch nie

Allein

Seine Schergen

Sie suchen

Sich andere Herrscher

Ob gut

Oder böse

Ganz gleich

Wird siegen

Die Liebe

Die Liebe allein

Schon bald

Ist sie da

Die Liebe

Die sein soll

Soll verändern

Nun soll alles sein

Die Menschen in Frieden

Der Teufel ganz klein

Wird niemand mehr alleine sein

Nicht geblendet

Vom Großen

Vom großen Erfolg

Die Erfolge

Nun alle klein

Teilen die Gemeinschaft

Die Menschen

Sie sind glücklich

Sollten es auch immer sein

Der Weg dahin

Noch lange

Noch wartet die Hexe

Die Verführung des Teufels noch groß

Illusioniert alle Menschen

Die sehen sie nicht

Die Hexe

Sie soll es sein

Öffnet allen die Augen

Die Augen

Sind blind

Werden bald sehend sein

Bei allen Menschen

Die beten und betteln

Wird nicht mehr nötig sein

Den Menschen

In Not

Ihnen wird geholfen

Wird bald alles besser sein

Die Systeme sozialer

Keiner mehr alleine

Wird niemand verlassen

In Not

Wird nur Glückliche geben

Die Menschen in Gemeinschaft

Die Wangen des Teufels

Werden rot

Kann es nicht sehen

Die Liebe im Herzen

Er wird ganz erbost

Schickt Plagen hinab

Hinab auf die Erde

Ist nicht die einzige Not

Wird kommen der Teufel

In neuen Formen

War auch schon immer so

Die Hexe

Sie kämpft

Ihren erbosten Kampf

Weiß sie kann Siegerin sein

Mit ihr der Magier

Der immer gewinnt

Werden zusammen glücklich sein

Ihre Liebe sie strahlt

So tief in alle Herzen

Erweckt alles

Was tief im Schlaf

Die Empathie

Die Liebe

Bei vielen nun geweckt

Wird keiner mehr einsam sein

Die Illusionen erliegen

Eine nach der anderen

Wird keiner

Mehr traurig sein

Die Menschen

Sie wachen

Ganz langsam auf

Einer nach dem anderen

Erwacht aus dem Schlaf

Der tausenden Schläfe

Wird keiner mehr erkennen

Was früher war

War alles so falsch

Sich niemand mehr erinnern

Die Bösen

Sie werden

Gleich untergehen

Nicht kommen zu Wort

Oder Rede

Werden erkannt

Von den Guten

Sie schicken sie weg

Sollen sie doch selber bluten

Keine Rache von Nöten

Sie gehen von selbst

Wissen doch längst

Was sie getan

Die Handlanger des Teufels

Ihrer Illusionierung erlegen

Verkauften ihm seine Seele

Werden einsam sein

Von jetzt

Und auf ewig

Nur die Bösen

Die werden nicht mehr leben

In der Hölle hingegen

Schwelen

Für immer und ewig

So soll es sein

Und keiner mehr entkommen

Den Menschen den Tod

Sie kommen und gehen

Werden sich auch

In anderen Leben wiedersehen